MW01707416

Oeuf & Jambon

C'est Pâques, mon coco !

À mes cocos préférés,
Victoria et Augustin

Après avoir mangé un copieux déjeuner, Œuf et Jambon ont le bedon bien rempli. Rien de mieux qu'une bonne marche pour aider à digérer ! Sur leur chemin, ils font une étonnante découverte : un panier-surprise !

Regarde ces boules étranges ! Sais-tu à quoi elles me font penser ?

Je n'en ai aucune idée ! À quoi ?

Je n'ai jamais rien vu de tel!

Elles me font penser
à des roches.

C'est bien vrai!
Fais attention de ne pas
en échapper une sur ton pied!

Ha! Ha! Ha!

Il y a quelque chose de semblable entre ces boules et ces buissons, ces arbres et ces nuages.

Elles ont la même forme qu'eux.

Allô !
Il y a quelqu'un là-dedans ?

Tout à coup,
Jambon a un éclair de génie.

Oh! Mais sais-tu à quoi elles ressemblent le plus, mon coco?

Elles te ressemblent à toi: ce sont des œufs!

Tu les connais?

Les trois petits cocos ont peut-être la même forme qu'Œuf, mais ils ne sont pas tout à fait identiques à lui.

Nous ne sommes pas pareils.
Tu vois comme ils sont colorés !
On dirait qu'ils se sont déguisés.

Ils sont très jolis.

Si on te maquille, tu pourras être exactement comme eux.

Arrête de me barbouiller !
Cette chose brune et
toute collante ne ressemble
en rien à du maquillage.
Qu'est-ce que c'est ?

C'est une poule en chocolat!

miam!
miam!
Et c'est dé-li-cieux!

Soudain, les deux amis réalisent qu'ils ont oublié de surveiller le panier pendant qu'ils jouaient. Malheur ! Voilà que leur trouvaille a disparu !

Nos œufs ! Ils sont partis !

Ils n'ont pas pu s'enfuir tout seuls. Je crois que quelqu'un nous les a volés !

Qui a pu faire une chose pareille ?

Jambon remarque des traces
de pas au sol.

Regarde, on dirait des empreintes
de lapin ! C'est peut-être
notre voleur d'œufs.

Pourquoi un lapin se serait-il
emparé de nos cocos ?

Avant que nous partions laisse-moi te nettoyer.

Suivons les traces! Elles nous mèneront au brigand!
J'espère que rien de mal ne leur est arrivé! Ils sont si fragiles!

Après avoir longtemps suivi
les traces de pas et de bonds
laissées par le chapardeur,
Œuf et Jambon aperçoivent
Monsieur Lapin. Il est en train
de dissimuler des œufs bariolés
et décorés un peu partout.

Monsieur Lapin accueille
Œuf et Jambon avec
grand enthousiasme.

Oh! Soyez les bienvenus
à la chasse aux cocos
organisée par moi-même,
le Lapin de Pâques!
Celui qui trouve le plus grand
nombre d'œufs recevra
une succulente poule en chocolat!

J'en ai déjà
trouvé un.

Ah! Voilà! Les œufs décorés
sont pour la chasse
aux cocos de Pâques.

Et lui, c'est le Lapin de Pâques!
Il n'y a donc pas
de voleur d'œufs!

Mais Pâques,
qu'est-ce que c'est ?

Pâques, c'est la fête ;
Pâques, c'est le printemps ;
Pâques, c'est les enfants ;
Pâques, c'est les œufs ;
Pâques, c'est le chocolat !

Pâques, c'est la plus belle
célébration de l'année !

Joyeuses Pâques, mes cocos !
La chasse est ouverte !

Devrait-on lui dire que j'ai déjà mangé la poule en chocolat ?

On peut attendre à demain.

Québec
Crédit d'impôt livres
Gestion SODEC

Gouvernement du Québec – Programme de crédit d'impôt
pour l'édition de livres – Gestion Sodec

Œuf & Jambon : C'est Pâques, mon coco !
© Les éditions les Malins inc.
info@lesmalins.ca

Éditeur : Marc-André Audet
Éditrice adjointe : Marianne Dunberry
Montage : Diane Marquette
Correcteurs : Jacques St-Amant, Jean Boilard et Louise Villemaire
Textes et illustrations : Sylvain Lavoie
Les personnages Œuf et Jambon sont basés sur les personnages Ham et Egg
créés par Sylvain Lavoie et Rick Jones

Dépôt légal – Bibliothèque et Archives nationales du Québec, 2018
Dépôt légal – Bibliothèque et Archives Canada, 2018

ISBN : 978-2-89657-703-3

Imprimé en Chine

Tous droits réservés. Toute reproduction d'un quelconque extrait
de ce livre par quelque procédé que ce soit est strictement interdite
sans l'autorisation écrite de l'éditeur.

Les éditions les Malins inc.
Montréal, QC

Financé par le gouvernement du Canada | Canada

ASSOCIATION NATIONALE DES ÉDITEURS DE LIVRES